AF267906

BAN ET ARRIÈRE-BAN

DE

LA SÉNÉCHAUSSÉE DE PÉRIGORD

EN 1557,

OU

LA NOBLESSE DE CETTE PROVINCE AU XVIᶜ SIÈCLE,

Par M. l'abbé AUDIERNE,

Chevalier de la Légion-d'Honneur,
Inspecteur des monuments historiques du département de la Dordogne,
correspondant de Son Exc. le ministre d'Etat,
membre de la société d'agriculture, sciences et arts de la Dordogne, et de plusieurs
sociétés savantes, etc.

PÉRIGUEUX

IMPRIMERIE DUPONT et Cᶜ, RUE TAILLEFER.

1857

DE

LA SÉNÉCHAUSSÉE DE PÉRIGORD EN 1557

OU

LA NOBLESSE DE CETTE PROVINCE AU XVIᵉ SIÈCLE.

——◇◈◇——

CHAPITRE Iᵉʳ.

DU BAN ET ARRIÈRE-BAN.

Très anciennement, le roi assignait quelquefois le ban sans appeler l'arrière-ban.

Par la publication du ban, il convoquait tous les nobles d'une province pour le servir dans ses armées, comme vassaux immédiats de la couronne.

En appelant l'arrière-ban, le prince ne convoquait que ceux qui tenaient médiatement de lui et relevaient de ses vassaux immédiats.

Dans le XVIᵉ siècle, on confondit ces deux mots, de sorte que ban et arrière-ban ne furent plus qu'un mandement du prince à tous gentilshommes et autres tenant fiefs et arrière-fiefs, de venir à la guerre pour son service.

Les ecclésiastiques possédant des fiefs étaient obli-

gés, comme les seigneurs laïques, d'aller ou d'envoyer
au ban et arrière-ban. Lorsqu'ils y allaient eux-
mêmes, ils combattaient en personne, témoin ce que
Monstrelet raconte de Pierre de Montaigu, archevêque
de Sens ; de Mathieu Paris et de Philippe de Dreux,
évêque de Beauvais, qui portaient la cuirasse et combattaient, à l'instar des seigneurs et barons, à la tête
de leurs vassaux. Il est probable que le métier de la
guerre leur plaisait peu, puisqu'ils créèrent des vida-
mes et des avoués pour la défense des évêchés, des
abbayes, des chapitres, et que nous voyons souvent
ces avoués conduire, en temps de guerre, les vassaux
des églises ou des abbayes à la place des seigneurs
ecclésiastiques.

Dans la suite, les ecclésiastiques furent dispensés
du ban et arrière-ban par diverses lettres-patentes,
et Louis XIII les affranchit définitivement par un acte
du 29 avril 1636, moyennant certaines subventions
qui lui seraient payées dans les besoins les plus pres-
sants de l'État.

CHAPITRE II.

DE LA NOBLESSE EN GÉNÉRAL.

La noblesse est aussi ancienne que le monde, car
il n'y a jamais eu sur la terre seulement quatre

hommes réunis ensemble, qu'ils n'aient mis à leur tête l'un d'entr'eux pour les diriger, les protéger ou les instruire. Ce sont, en effet, les talents, la vaillance ou la sagesse qui ont fait la noblesse. Voilà pourquoi Cicéron disait que la noblesse n'était autre chose qu'une vertu connue : *nobilis quasi noscibilis.*

Plusieurs historiens ont avancé que les Gaules renfermaient plus de trois cents peuples. Or, ces peuples avaient des chefs dont le pouvoir devenait héréditaire dans leurs familles. Ces familles, élevées sur le pavoi, supérieures au reste de la nation, devenaient nobles, et le temps ne faisait qu'améliorer leur noblesse. De là notre première noblesse dans les Gaules.

Chez les Romains, il fallait avoir passé par les charges curules, c'est-à-dire avoir été consul, préteur, censeur ou édile pour être noble et avoir le privilége de pouvoir laisser à ses enfants son portrait ou sa statue. Aussi, parmi les citoyens romains, les uns avaient les portraits de leurs ancêtres, les autres n'avaient que les leurs, et le reste n'en avait aucun. Ces glorieuses et honorables distinctions rendaient les nobles naturellement jaloux de multiplier par des tableaux et des statues les portraits de famille, et c'est ce qui a contribué si puissamment à cette profusion de statues qui ornaient tant de villas, et qui aujourd'hui, chaque jour retrouvées, font l'admiration du monde savant et artistique.

Ceux qui avaient les portraits de leurs ancêtres s'appelaient *nobles;* ceux qui n'avaient que les leurs étaient appelés *hommes nouveaux,* et ceux qui n'en avaient aucun, *gens ignobles;* mais cette qualification dernière n'avait pas alors le sens que nous y attachons: elle signifiait simplement personne *non noble.* Plus tard, les empereurs du Bas-Empire donnèrent à leur fils aîné, l'héritier présomptif de leur couronne, le titre de Nobilissime César.

Le titre de noble est donc beaucoup plus ancien que ceux d'écuyer, de gentilhomme et de chevalier, dont on se servait avant 1789 pour exprimer la noblesse.

La haute noblesse était divisée en trois classes : dans la première, les princes; dans la seconde, les ducs, comtes, marquis et barons; dans la troisième, les simples chevaliers.

Les nobles ayant droit de porter bannière devaient soudoyer cinquante hommes d'armes.

Anciennement, presque tous les nobles portaient les armes et ne servaient qu'à cheval. Eux seuls, par cette raison, pouvaient porter des éperons. Les chevaliers en avaient d'or, les écuyers d'argent. Les roturiers servaient à pied. C'est de là qu'on disait : « *Vilain ne sait ce que valent éperons.* »

La noblesse d'extraction se prouvait par titres ou par témoins; il fallait établir que depuis cent ans les ascendants paternels avaient pris la qualité de nobles ou d'écuyers, selon l'usage du pays, et prouver ensuite la filiation légitime.

CHAPITRE III.

DE LA NOBLESSE DU PÉRIGORD.

Le Périgord a possédé dans tous les temps beaucoup et d'excellente noblesse. Plus de soixante familles florissaient dans cette province sous le règne de saint Louis. Les plus connues sont celles-ci, que nous donnons par ordre alphabétique :

D'Abzac de Ladouze, Mayac, etc., — Achards de Léger, — d'Alloigny, — d'Aydie de Ribérac et de Betoulens, — Bardon de Segonzac, — Beyly de Razac, — de Beaumont du Repaire, de La Roque, etc., — de Beauroire de Villac, — de Beynac, — de Boisseuil, — de Bourdeille, — de Brie, — de Carbonnières, — de Chabans, — de Chapt de Rastignac, etc., — de Caumont Laforce, — de Comarque, — de Conan de Connezac, — de Cothet du Peuch, — de Coustin, — de Cugnac, — Dulau, — Durfort de Piles, — de Fayolle, — de Lafaye, — de Fars, — de Feleix, — de Flamenc, — de Foucauld de Lardimalie, etc., — de Galard de Bearn, — Du Garric d'Uzech, — de Gontaut de Biron et Hautefort,

—de Grailli, — de Grimoard de la Loge, — d'Hautefort Vaudre, — de Jaubert, — de La Cropte, — de Lagárde Saint-Angel, — de Lagut, — de Lambertie, — de Lamberterie, — de Laporte Grignols, — de Lestrade, — de Lostanges Saint-Alvère, — de Larmandie, — de Mellet de Neuvic, — de Monferrand, — de Marqueyssac, — de Pons Saint-Maurice, — de Ribeyreix, — de La Rocheaymond, — de Roux, — de Royère de Peyraux, etc., — de Saint-Astier, — de Saint-Aulaire Beaupoil, — de Salignac Fénelon, etc., — de Sanzillon Mensignac, — de Ségur Montazeau, etc., — de Solminiac de Bellet, — de Taillefer, — de Talleyrand Périgord, etc., — de Touchebœuf, — de Vassal, — de Vaucocourt.

De ces nobles familles plusieurs sont éteintes, d'autres n'habitent plus le Périgord : mais toutes sont nobles de race et d'ancienne extraction.

❀

CHAPITRE IV.

LE BAN ET ARRIÈRE-BAN DE LA SÉNÉCHAUSSÉE DE PÉRIGORD AU XVIe SIÈCLE.

Nous ne faisons que copier, en maintenant autant que possible l'orthographe du temps.

« Extrait du rolle du ban et arrière-ban de la sénéchaussée de Périgort et procès-verbal faict en l'assemblée et assignation bailhée suivent (suivant) les lettres patentes du roi aux nobles et aultres subjects audit ban et arrière-ban, au premier jour du mois de may an mil cinq cent cinquante-sept. Au quel jour ne aultre ne c'est présenté, aulcun commissaire contre-rolleur des guerres ne aultre pour faire faire le service, la monstre en robe contenue par les dictes lettres, lequel rolle a été clos et arresté par nous Jacques André, chevalier seigneur du Repaire, son sénéchal en Périgort et commissaire en cette partye, députés présens et assistens mestre François Pasquier et Dominique Bordes, avocat et procureur du roi en la dicte sénéchaussée, et y celluy extrait délivré à Guillaume Chambeur, escuyer, pour porter à monsieur de Fontanges, seigneur de Lassalle, capitaine des arrière-bans, suivent les lettres de monseigneur le conestable en la ville de Périgueux, le 3e jour du mois de juin, l'an mil cinq cent cinquante-sept.

En suyt premièrement ceulx qui se sont présentés pour faire le service.

1° Le seigneur et baron de Beynac, chargé de faire le service d'ung cheval légier.

A présenté pour faire le service Pierre La Pradelle, escuyer seigneur du Repaire de La Bertranies, paroisse du Castel, en la terre de La Rocque.

2° Messire Gilles de La Tour, chevalier seigneur de Lymeil, chargé faire le service de deux chevaulx légiers, le quel seigneur a offert le service en personne.

3° François Nompar de Caumont, seigneur et baron du dict lieu et Castelnau en Périgort, chargé faire le service d'ung cheval légier pour les fiefs qu'il tient en Périgort. Pour faire le dict service est comparu Gabriel de Lobrerie, escuyer seigneur de Laval en Quercy, habitant aux Mirandes.

4° Le seigneur de Ribérac, chargé faire le service de quatre chevaulx légiers.

Jean Noel, escuyer seigneur de Labrerie, vassal du dit seigneur de Ribérac ; Arnauld Patronier, escuyer conseigneur de Tenailhé, et Pierre Mercier, escuyer seigneur de Puymye, tous vassals du dit seigneur de Ribérac et hestant en la dicte chatellenye, ont offert et se sont présentés pour faire le service en personne.

5° Arnauld de Gontaud de Biron, seigneur de la chastellenye de Saleignac et seigneur de Cassefons, chargé faire le service d'ung cheval légier.

C'est présenté Bardin de .... (illisible), escuyer habitant du repaire noble de Bourilh, paroisse de Bronac, qui a offert faire le dict service en personne.

6° Julien de Taleran, escuyer seigneur de Grinhols et prince de Chaloys, chargé faire le service d'ung cheval légier.

Lequel a offert et s'est présenté pour faire le dict service en personne.

7° François de Caumont, escuyer seigneur de Deyme, de Laforce, Mas Durand, de Monboyer, tant de son chef que de dame Philippe de Beaupoil, dame de Laforce et de Monboyer, son épouse, chargé faire le service d'ung cheval légier.

8° François Flamenc, escuyer seigneur de Bruzac, chargé avec ses aydes faire le service d'ung cheval légier.

C'est présenté en personne et a dict qu'il fera ou présentera homme capable pour faire le dict service.

9° Le seigneur de la Marthonnie, chargé avec ses aydes faire le service de deux chevaulx légiers.

C'est présenté pour faire le dict service Jean de La Romaguière, escuyer seigneur de Rousseril et de La Filholie, demeurant présentement en la dicte jurisdiction.

10° François de Bordeilhe, escuyer seigneur de Motançoys, chargé avec ses aydes faire le service d'ung cheval légier, lequel s'est présenté en personne et par la indisposition de sa personne dict ne pouvoir faire le dict service : luy a été enjoinct présenter homme capable à peine de main mise, et le faire tenir prest.

11° François de Caumont, escuyer seigneur de Berbiguyère et de Roffignac, chargé avec ses aydes faire le service d'ung cheval légier.

C'est présenté en personne Arnaud de Serdera, escuyer seigneur de Boyha, pour faire le dict service, et pareillement s'est présenté en personne Pierre de Ferrières, escuyer seigneur de La Tour, de La Salamonie, demeurant en sa terre de Roffignac, qui a dict estre prest pour faire le dict service en personne, ou le dict sieur de la Boysse ne le fera.

12° Le seigneur de Neufvic et de Sainct-Perdoulx, chargé faire le service d'ung cheval légier.

C'est présenté Jean de Moles le jeune, escuyer seigneur de Arras, habitant au château de Neufvic en Périgort, a offert de faire le dict service en personne.

13° Arnauld de Salignac, seigneur de La Mothe-Fénelon, chargé avec ses aydes faire le service d'ung cheval légier, le quel c'est présenté en personne et offert faire le dict service ou présenter homme capable.

14° Le seigneur de Longua, chargé avec ses aydes faire le service d'ung cheval légier.

C'est présenté Bertrand de Lur, escuyer, demeurant au château de Longua, lequel a offert faire le dict service en personne.

15° Le seigneur de Badefol et de Peyraux, chargé avec ses aydes faire le service d'un cheval légier.

C'est présenté Pierre de Frayssinet, escuyer, fils du co-seigneur de Fraissinet, habitant à Badefold, lequel a dict le dict seigneur de Badefol estre malade et ou il ne fera le service offre le faire pour luy.

16° Bertrand de Lostanges, escuyer seigneur de

Sainct-Alvère, chargé avec ses aydes faire le service d'ung cheval légier.

C'est présenté Jehan Campnhac, fils de feu Françoys Campnhac, escuyer en son vivant, seigneur de Romain, habitant au château de Romain en Périgort, lequel a offert faire le dict service en personne.

17° François de Crevans, seigneur de Suige et co-seigneur de Jumilhac, chargé avec ses aydes faire le service d'ung cheval légier.

C'est présenté et comparu en personne Guillaume de Latour, escuyer, fils de Jehan de Latour, seigneur d'Eygonie, habitant au dit repaire d'Eygonie, le quel a offert faire ce dict service en personne.

18° Jehan de La Cassaigne, escuyer seigneur du dict lieu et de Thonnay-Bouthonne, chargé avec ses aydes faire le service d'ung cheval légier.

Est comparu Louis Daydy, escuyer seigneur de Meymy, de La Folhade et de La Chapelle-Faulcher, l'un des aydes du dict de La Cassaigne, qui a dict estre prest faire le dict service en personne ou présenter homme capable.

19° Jehan d'Aubusson, escuyer seigneur de Beauregard, chargé faire le service d'ung cheval légier.

C'est présenté le dict seigneur pour faire le dict service en personne.

20° Anthoine de Sainct-Astier, escuyer seigneur de

Sauveterre et de Sermet, chargé avec ses aydes faire le service d'ung cheval légier.

A présenté pour faire le dict service, Olivier d'Azac, dict Berguade, escuyer seigneur du dict lieu, vassal du dict de Sauveterre, le quel a dict estre prest faire le dict service en personne.

21° Pierre de Sainct-Aulaire, escuyer seigneur de Coutures et de Lanmarie, chargé faire le service avec ses aydes d'ung cheval légier.

C'est présenté en personne et offert faire le dict service ou présenter homme capable.

22° Nicolas de Gruilhan, escuyer seigneur de Montmege, chargé avec ses aydes faire le service d'ung cheval légier.

C'est présenté Arnauld de La Mothe, escuyer, seigneur de Bosyedou, habitant au dict lieu, paroisse de Thenon, pour faire le dict service en personne.

23° François de Roffignac, escuyer seigneur de Cruzaiges, chargé et enrolé avec ses aydes faire le service d'ung cheval légier.

C'est présenté Anthoine d'Aubusson, escuyer seigneur de Coupsant, habitant en la ville de Sarlat, le quel a offert faire le service en personne, ou le dict seigneur de Cruzaiges, ou faire faire le dict service par autre homme capable et despuis s'est présenté le dict de Roffignac, le quel a offert faire le dict service en personne.

24° Bertrand d'Abzac, escuyer seigneur de Belleguarde, chargé avec ses aydes faire le service d'ung
cheval légier.

C'est présenté le dict sieur de Belleguarde, qui a
dict que fera le dict service ou bailhera homme capable pour y celluy faire.

25° Gabriel de Beynac, escuyer seigneur de La
Rocque et de Tayac, chargé avec ses aydes faire le
service d'ung cheval légier.

C'est présenté Ramond de Bosredon, escuyer seigneur de Bayac et Flamarage, le quel a dict que fera le
dict service en personne ou le fera faire à ung de ses
aydes.

26° Le seigneur de Sainct-Martial, de Sineyrols et
Boeilhe, chargé avec ses aydes faire le service d'ung
cheval légier.

C'est présenté Jehan de Brianson, escuyer, fils de
Jehan de Brianson, aussi escuyer seigneur du dict lieu,
demeurant en la paroisse de Verteilhac, le quel a offert faire le dict service en personne.

27° Anthoine de Paleyrac, escuyer seigneur du dict
lieu, chargé et enrollé avec ses aydes faire le service
d'ung cheval légier.

Lequel s'est présenté en personne pour faire le dict
service, et ou il ne le fera, le faire faire à ung de ses
aydes capable et suffisant.

28° Arnauld de Fayolle, fils de feu François de

Fayolle, escuyer seigneur du dict lieu, chargé et enrollé avec ses aydes faire le service d'ung cheval légier.

C'est présenté Helyes Chassarel, escuyer seigneur de Grésinhac, le quel a dict estre prest faire le dict service en personne ou le fera faire par personne capable au cas ou le dict de Fayolle ne le puisse faire.

29° Guy Joubert, escuyer seigneur d'Alemans et de Montagrier, chargé avec ses aydes faire le service d'ung cheval légier.

Lequel pour raison de sa vieilhesse a présenté pour faire le dict service Jehan Juillot, escuyer seigneur de La Mothe et co-seigneur de Fraisse, jurisdiction de Riberac, qui a offert faire le dict service.

30° Jehan de Montardit, escuyer seigneur de Lascousts, chargé avec ses aydes faire le service d'ung cheval légier.

C'est présenté Guyon Malcres, seigneur du repaire Brunes, en la paroisse de Sainct-Prival, le quel a offert faire le dict service en personne.

31° Jehan de Lioncel, escuyer co-seigneur de Lysla, chargé avec ses aydes faire le service d'ung cheval légier.

C'est présenté François de Montferrand, escuyer, fils du seigneur de Beaulieu, demeurant en la paroisse de Touselne, le quel a offert faire le service en personne

32° Thomas d'Aulteffort, escuyer seigneur de Gabilhou, chargé avec ses aydes faire le service d'ung cheval légier.

C'est présenté Jehan de la Foucondie, escuyer seigneur de la Robertye-de-Milhac en la jurisdiction d'Auberoche, le quel a offert faire le service en personne.

33° François de Carbonyères, escuyer seigneur de Faulx et de Polanze, chargé avec ses aydes faire le service d'ung cheval légier, le quel s'est présenté pour faire le dict service en personne ou presentera homme capable.

34° François Texier, escuyer seigneur de Javarlhac, chargé avec ses aydes faire le service d'ung cheval légier.

C'est présenté Helyes de la Vernhe, escuyer seigneur du dict lieu, paroisse de Sainct-Paul-sur-Lysonne, le quel a dict estre prest pour faire le dict service en personne.

35° François de Broulhac, escuyer seigneur de Mazières, chargé avec ses aydes faire le service d'ung cheval légier.

A remontré estre si vieulx que ne pourroyt faire le service et fornyra homme capable.

36° Jehan de Pelegonie, escuyer seigneur de Razac, chargé avec ses aydes faire le service d'ung cheval légier.

A remonstré estre si vieulx que ne pourroyt faire le service et fornyra homme capable.

37° Jehan Gouvyer, escuyer seigneur de Pleyssac, chargé et enrollé avec ses aydes faire le service d'ung cheval légier.

C'est présenté Helyes Saunyer, escuyer seigneur de la Barde, de Creyssac, l'ung des aydes, le quel a offert faire le dict service en personne ou le dict seigneur de Pleyssac ne le fera ou fera faire par personne capable.

38° Georges de Tardieu, escuyer seigneur de Sainct-Martin, chargé avec ses aydes fairè le service d'ung cheval légier.

C'est présenté Guilhonnes de Monferrand, escuyer seigneur de La Salle, ung des dicts aydes, le quel a offert faire le dict service en personne.

39° Les forgerons par dela la rivière de Dourdoigne, chargés pour raison des forges qu'ils tiennent en Périgort, suivant les anciens rolles, faire le service d'ung cheval légier.

Ce sont présentés Pierre Aymeric, maître de la forge des Tanares; Pierre de La Bordarie, maître de la forge du Bugue, scindicts des dicts forgerons, les quels ont offert faire le dict service en personne ou fornir de gens capables pour y celluy faire.

Ensuyt ceulx que cy devant aux rolles précédens et convocation faite cy devant du ban et arrière-ban de Périgort ont estés déclarés exempt du service et contribution au dit ban et arrière-ban.

1° Le comte de Périgort, exempt.

2° M. le vicomte de Turenne se dict estre exempt pour ce qu'il est capitaine de cens gentilshommes de la maison du roy.

3° M. le vicomte de Gurson se dict estre exempt pour ce qu'il est gentilhomme de la chambre du roy.

4° Le seigneur de Byron se dict estre exempt pour ce qu'il est lieutenant de la compagnie de Mgr le mareschal de Sainct-André.

5° Le seigneur et baron de Mareuilh se dict exempt pour ce qu'il est gentilhomme de la chambre du roi.

6° Le seigneur baron de Bordeilhe se dict estre exempt pour ce qu'il est de la maison du roy.

7° M. l'archevesque de Bordeaux se dict estre exempt pour ce qu'il a amourty ses fiefs.

8° M. l'évesque de Périgueux se dict estre exempt pour ce qu'il a amourty ses fiefs.

9° Le seigneur d'Estyssac se dict estre exempt pour ce qu'il est de la maison du roy et lieutenant pour le dict seigneur à La Rochelle.

10° Le seigneur et dame de Mussidan, dame de Grandmont, se disent exempts en vertu des lettres d'exemption par eulx cy-devant obtenues du roy.

11° Le seigneur de La Vaulguyon se dict estre exempt pour ce qu'il dict estre lieutenant de la compagnie du prince de Salerne, capitaine de cinquante hommes d'armes.

12° Le seigneur de Saint-Géniès et de Badefol-sur-Dourdoigne se dict estre exempt suivent les lettres patentes du roy à nous présentées à la dicte convocation.

13° François de Caumont, chevalier seigneur de Lauzun, se dict estre exempt pour ce qu'il est gentilhomme ordinaire de la maison du roy et a deux de ses enfants au service du dict seigneur.

14° Le seigneur de Montrealh et du Chapdoielh se dict estre exempt pour ce qu'il est gouverneur de Lymosin.

15° Le seigneur de Vertheillac se dict estre exempt pour ce qu'il est commissaire de l'artillerie.

16° Jehan de La Roche, escuyer seigneur de Soubran et co-seigneur de Montagrier, chargé de faire le service d'ung cheval légier, a dict estre exempt pour ce qu'il est enseigne de la compagnie du seigneur de Gosmort, capitaine de cinquante hommes d'armes.

17° Le seigneur de Losse dict estre exempt pour ce qu'il est à Mariambourg pour le service du roy.

18° Helyes de La Porte, chevalier seigneur du Puy-Sainct-Astier et con-seigneur de Chanterac, dict estre exempt pour ce qu'il est commissaire de l'artillerie.

19° Jehan de Ferrières, escuyer seigneur de Salvebeuf, dict estre exempt pour ce qu'il est gentilhomme servant de la maison du roy, et suivant les lettres d'exemption qu'il a cy-devant présentées.

20° Le seigneur des Bories dict estre exempt pour ce qu'il est retenu de la maison du roy de Navarre ; toutefois dict qu'il fera son debvoir.

21° Louis de Salignac, escuyer seigneur de Fons-Pitou, dict estre exempt pour ce qu'il est de la compagnie de monseigneur le mareschal de Sainct-André.

22° Poncet Serval, escuyer seigneur de Belon, se dict exempt pour ce qu'il est archier de la guarde du corps du roy.

23° François d'Escodeca, escuyer de Noelhac, se dict exempt pour ce qu'il est archier de la guarde du corps du roy.

24° Guillaume de La Mifrenye, escuyer seigneur du dict lieu, se dict exempt pour ce qu'il est archier de la guarde du corps du roy.

25° Jehan de Soulhac, escuyer seigneur du lieu, dict estre exempt pour ce qu'il est archier de la compagnie du seigneur de Tavanes.

26° Jehan de Rogière, escuyer seigneur de la maison noble de Monnaye, dict estre exempt pour ce qu'il est un des cens gentilshommes de la maison du roy.

27° Joachim de Montluc, chevalier seigneur du lieu, comme mary de l'héritière et dame de Fages, se dict estre exempt pour ce qu'il est capitaine et gouverneur d'Albe en Piedmont.

28° Le seigneur de La Rocque de Martin se dict estre exempt pour ce qu'est homme d'armes de la compagnie de monseigneur le mareschal Sainct-André.

29° Le seigneur de Terrouse (peut-être Terraube) se dict estre exempt pour ce qu'il est commissaire ordinaire des guerres.

30° Guy Jourdain, escuyer seigneur d'Ambleville (Normandie) et de La Ferrière (Périgort), se dict exempt pour ce qu'il est homme d'armes de la compagnie du mareschal Sainct-André.

31° François de La Coieldre, seigneur de Levinans, se dict estre exempt pour ce qu'est homme d'armes de la compagnie du mareschal Sainct-André.

32° Jehan de Roux, escuyer seigneur de Puy-Laffons, se dict exempt pour ce qu'il est homme d'armes de la compagnie du seigneur de Jarnac.

33° Jehan de Cugnac, escuyer con-seigneur de Sainct-Pompong, dict estre exempt pour ce qu'est lieutenant de la compagnie du sieur de Monpezat.

34° Messire Christophe de Roffignac, chevalier seigneur de Marzac, second président en la court de parlement de Bourdeaux, se dict estre exempt en vertu du privilége octroyé par le roy à messieurs des cours de parlement.

35° Messire Pierre de Laplace, chevalier co-seigneur de Javerlhac et de Sallebeuf, premier président en la cour des aydes de Parys.

36° Monsieur maistre Jehan de Belcier, conseiller du roy en son grand conseil, seigneur de Sainct-Germain.

37° La vefve et héritière de feu messire Jehan de Calanvent, en son vivant conseiller du roy et second président en la court de parlement à Bourdeaux, seigneur de Sainct-Paul.

38° Monsieur maistre Léonard de Amelin, conseiller du roy en sa court de parlement de Bourdeaux, seigneur de Roche-Maury.

39° Monsieur maistre Léonard de La Gearan, séneschal d'Angoulmoys, seigneur de Chaumard.

40° Monsieur maistre Joseph de La Chassaigne, conseiller du roy en sa court de parlement à Bourdeaux, seigneur de Jourlhac.

41° Monsieur maistre Jehan de Calvimont, conseiller du roy en la dicte court de parlement à Bourdeaux, seigneur du Cros.

42° Monsieur maistre Bertrand de Malzanam, général conseiller du roy en la court des aydes à Périgueux.

43° Monsieur maistre Jacques de Bruzac, seigneur de Domme, conseigneur de Champaignac, général conseiller en la dicte court des aydes.

44° Monsieur maistre Jehan Barbarin, seigneur de Vessac, général conseiller en la dicte court des aydes, ci-devant enrollés au rolle dudit ban et arrière-ban pour les fiefs qu'ils tiennent en Périgort.

45° Maistre Bertrand de Luziers, procureur du roy en Guienne, dict estre exempt à cause de son état et privilége octroyé par le roy aux habitants de la ville de Bourdeaux, en laquelle il est habitant.

46° Maistre Helyes de Merle, escuyer seigneur de Mont-Gaillard.

47° Helyes de Chabanes Vigier de Ciourac.

48° Les hoirs de maistre Guillaume de Sainct-Astier, escuyer seigneur du repaire de Versures.

49° Françoys Vigoreux, greffier pour le roi en sa court des aydes à Périgueux.

50° Le seigneur de Lausinade.

51° Le seigneur de Crumiac.

52° Le seigneur de Ramihac.

53° Le seigneur de La Borie, se disent exempts en vertu du privilége octroyé par le roy aux habitans de la ville de Périgueux, en laquelle ils sont habitans.

54° Pareillement, les habitans de la ville de Sarlat se disent estre exempts par le moyen du privilége octroyé par le roy aux habitans de la ville de Sarlat.

Sensuyt, signé André, sénéchal susdit ; Pasques,

avocat du roy ; de Bordes, procureur du roy ; Girard, gréffier comys. »

CHAPITRE V.

DE L'ANOBLISSEMENT PAR LETTRES-PATENTES, ORDONNANCES OU DÉCRETS DU PRINCE.

A toutes les époques et chez tous les peuples, quelle qu'ait été la forme du gouvernement, les vertus, les talents, la bravoure ont toujours commandé l'admiration, excité l'enthousiasme et imposé la reconnaissance. Mais comme l'opinion est flottante, incertaine, oublieuse, et qu'on peut, sous ce rapport, lui reprocher d'avoir placé le Capitole à côté de la roche Tarpeïenne, le souverain, juste appréciateur des services rendus à la patrie, fixe ces sentiments que l'ingratitude pourrait oublier, et de son auguste main descendent, sur ces hommes éminents, des titres de gloire dont pourront toujours se parer avec orgueil leurs nobles descendants.

Il y eut sans doute quelques abus ; mais, contrairement aux idées reçues, ce sont les meilleures choses qui en produisent davantage.

Les premières lettres connues d'anoblissement furent données par Philippe Ier à Eudes, le maire Pil-Chalo Saint-Mars.

L'histoire nous a encore conservé le nom de Raoul-l'Orfèvre, qui reçut le même honneur de Philippe-le-Hardi.

Mais, à dater du xvi siècle, les anoblissements prirent des proportions gigantesques. Charles IX, par édits de 1564 et 1568, créa quarante-deux nobles ; Henri III en créa mille en 1576 et d'autres encore en 1588, vers la fin de son règne.

Henri IV, par édits des 20 octobre et 23 novembre 1592 et de nouveaux édits d'octobre 1594 et de mars 1610, en créa une centaine.

A l'avènement de Louis XIV à la couronne, deux anoblissements sont accordés à chaque généralité. Cinquante nobles furent créés en Normandie le 4 décembre 1645, deux par généralité en 1660, et par divers édits de 1696, 1702 et 1711, Louis XIV fit huit cents nobles. Les lettres de noblesse étaient payées deux mille écus : l'État était si obéré qu'il donnait quelquefois des lettres-patentes en blanc, ce qui faisait une noblesse au porteur.

Sous Henri III, on avait vu quelque chose de plus fort encore. Les besoins de l'État étaient si grands, qu'ils avaient réduit les ministres non—seulement à chercher des ressources dans l'avidité même que les hommes ont pour les honneurs, mais encore à obliger des gens riches à prendre des lettres de noblesse moyennant finances. De ce nombre fut Richard-

Graindorge, fameux marchand de bœufs du pays d'Auge, en Normandie, qui fut contraint, en 1577, d'accepter des lettres de noblesse, pour lesquelles on lui fit payer trente mille livres.

Mais ces abus parurent à la fin si monstrueux, que les princes voulurent y mettre eux-mêmes un terme.

Henri IV supprima tous les anoblissements faits à prix d'argent. Louis XIII révoqua, par un édit de novembre 1640, tous ceux qui avaient été faits depuis trente ans, et enfin, Louis XIV, par un édit du mois d'août 1715, supprima tous les anoblissements par lettres et priviléges de noblesse, attribués depuis le 1er janvier 1689 aux offices soit militaires, de justice ou de finances.

CHAPITRE VI.

L'USURPATION DE QUALIFICATIONS NOBILIAIRES ET DE TITRES HONORIFIQUES EST UN TORT FAIT A LA NOBLESSE.

S'il n'y a plus un corps de noblesse, il y a encore et il y aura toujours des individus nobles. C'est inévitable dans l'ordre social, comme il est impossible dans l'ordre physique de ne pas rencontrer des chênes, des arbres séculaires, et, dans la région artistique, des monuments, des statues antiques qui, même involontairement, commandent notre admi ration, provoquent notre respect et nous font désirer leur conservation.

Ce sentiment est inné chez tous les peuples : aussi n'y a-t-il pas une contrée dans l'Univers où il n'y ait une noblesse, au Pérou, au Mexique et jusque dans les Indes orientales. Et avec quel sentiment de dignité ces hommes, presque sauvages, tiennent-ils à leurs prérogatives! Un gentilhomme japonnais ne s'allierait pas, pour tout l'or du monde, à une femme roturière, et les naires de la côte de Malabar sont si jaloux de leur noblesse, qu'ils ne se laissent seulement pas toucher ni approcher de leurs inférieurs.

La noblesse est un état civil que l'on ne peut acquérir que par les voies admises et tracées par la loi. Son existence, depuis l'empereur Napoléon Ier, n'a cessé de faire partie de notre droit public, sauf une interruption passagère, comme l'a très bien dit S. Exc. le ministre de la justice. Mais un orage n'est pas de durée, et après la tempête ont reparu l'ordre et le calme. La noblesse est donc intéressée à maintenir sa position, et il appartient à la loi d'atteindre et de frapper tout usurpateur de qualifications nobiliaires.

Une noble et ancienne famille qui par la nature s'est maintenue contre les orages des siècles, a pu perdre beaucoup dans les orages politiques. Le prestige de son nom, ses titres honorifiques, l'illustration de sa parenté ménagent à ses membres de riches et honorables alliances capables de relever sa fortune au niveau de sa naissance. Mais si le premier venu peut à son gré s'affubler du titre de baron, de comte, de marquis et même de duc, où sera la distinction, et comment juger entre l'usurpateur audacieux, fier, affirmatif, présomptueux, insolent, et le noble d'autant plus modeste qu'il se sent grand et fortement enraciné dans le passé? Mais quand ce motif n'existerait pas, peut-on disconvenir qu'une chose devenue commune ne perde beaucoup de sa valeur?

L'usurpation de noblesse est donc un tort, une perturbation sociale, j'ajouterai une confusion historique. Les barons étaient, dans les xiie et xiiie siècles, les premiers et les plus puissants seigneurs du royaume. A cette époque, on quittait le titre de prince pour prendre celui de baron; c'est ce que fit le sire de Bourbon en 1200. En France, il y avait quatre hautes baronnies : Coucy, Craon, Sully et Beaujeu. En Périgord, il n'y avait que quatre barons : Mareuil, Bourdeilles, Biron et Beynac. Henri III, par son ordonnance de 1579, « veut qu'une baronnie soit » composée de trois châtellenies pour le moins, et » qui seront unies et incorporées ensemble pour être » tenues à un seul hommage du roi. »

L'empereur Auguste fut le premier qui donna naissance aux comtes, en prenant des sénateurs qui étaient ses conseillers et ses compagnons de voyages :

Comites. Depuis, chez les Romains, les comtes accompagnaient les proconsuls dans les provinces. Constantin en fit trois classes : les illustres, les clarissimes, les très parfaits, et les empereurs d'Orient donnaient ce titre d'honneur aux personnages les plus illustres par leur savoir.

Les marquis étaient anciennement les gouverneurs des provinces ou des villes frontières.

Comment prendre alors arbitrairement de semblables titres sans mentir à l'histoire?

Il est donc bien naturel que le gouvernement se soit ému en voyant surgir du soir au lendemain une nuée de noms obscurs, affublés de titres nobiliaires, et qu'il songe, comme l'a dit encore le ministre de la justice dans son rapport à l'Empereur, « à opposer, » dans un intérêt politique et une nécessité sociale, » une digue à ce débordement. »

TABLE

DES MATIÈRES.

—◦×◦—

www.ingramcontent.com/pod-product-compliance
Lightning Source LLC
Chambersburg PA
CBHW061129050726
47594CB00005B/2164